GOSCINNY ET UDERZO
PRÉSENTENT
UNE AVENTURE D'ASTÉRIX

ASTÉRIX GLADIATEUR

Texte de **René GOSCINNY**   Dessins d'**Albert UDERZO**

hachette

HACHETTE LIVRE - 58, rue Jean Bleuzen - CS 70007 - 92178 Vanves Cedex

www.asterix.com   **f** Asterix et Obelix   **◎** @lartdastérix

AVEZ-VOUS TOUT LU?

LES ALBUMS D'ASTÉRIX EN BANDES DESSINÉES

AUX ÉDITIONS HACHETTE
LES AVENTURES D'ASTÉRIX LE GAULOIS

1 ASTÉRIX LE GAULOIS
2 LA SERPE D'OR
3 ASTÉRIX ET LES GOTHS
4 ASTÉRIX GLADIATEUR
5 LE TOUR DE GAULE D'ASTÉRIX
6 ASTÉRIX ET CLÉOPÂTRE
7 LE COMBAT DES CHEFS
8 ASTÉRIX CHEZ LES BRETONS
9 ASTÉRIX ET LES NORMANDS
10 ASTÉRIX LÉGIONNAIRE
11 LE BOUCLIER ARVERNE
12 ASTÉRIX AUX JEUX OLYMPIQUES
13 ASTÉRIX ET LE CHAUDRON
14 ASTÉRIX EN HISPANIE
15 LA ZIZANIE
16 ASTÉRIX CHEZ LES HELVÈTES
17 LE DOMAINE DES DIEUX
18 LES LAURIERS DE CÉSAR
19 LE DEVIN
20 ASTÉRIX EN CORSE
21 LE CADEAU DE CÉSAR
22 LA GRANDE TRAVERSÉE
23 OBÉLIX ET COMPAGNIE
24 ASTÉRIX CHEZ LES BELGES

AUX ÉDITIONS ALBERT RENÉ
LES AVENTURES D'ASTÉRIX LE GAULOIS

25 LE GRAND FOSSÉ
26 L'ODYSSÉE D'ASTÉRIX
27 LE FILS D'ASTÉRIX
28 ASTÉRIX CHEZ RAHÃZADE
29 LA ROSE ET LE GLAIVE
30 LA GALÈRE D'OBÉLIX
31 ASTÉRIX ET LATRAVIATA
32 ASTÉRIX ET LA RENTRÉE GAULOISE
33 LE CIEL LUI TOMBE SUR LA TÊTE
34 L'ANNIVERSAIRE D'ASTÉRIX ET OBÉLIX - LE LIVRE D'OR
35 ASTÉRIX CHEZ LES PICTES
36 LE PAPYRUS DE CÉSAR
37 ASTÉRIX ET LA TRANSITALIQUE
38 LA FILLE DE VERCINGÉTORIX
39 ASTÉRIX ET LE GRIFFON

LA RENTRÉE GAULOISE - Alsacien - Breton - Corse - Gallo - Occitan - Picard
LE GRAND FOSSÉ - Picard
ASTÉRIX CHEZ RAHÃZADE - Arabe - Hébreu
LE CIEL LUI TOMBE SUR LA TÊTE - Latin
L'ANNIVERSAIRE D'ASTÉRIX ET OBÉLIX - LE LIVRE D'OR - Picard

Les albums 1 à 34 sont également disponibles en grand format dans *La Grande Collection Astérix*

ÉDITIONS DE LUXE

ASTÉRIX LE GAULOIS
LA SERPE D'OR
LE TOUR DE GAULE D'ASTÉRIX
ASTÉRIX ET CLÉOPÂTRE
LE COMBAT DES CHEFS
LE BOUCLIER ARVERNE
ASTÉRIX AUX JEUX OLYMPIQUES
LE DOMAINE DES DIEUX
ASTÉRIX CHEZ LES BELGES

L'ODYSSÉE D'ASTÉRIX
ASTÉRIX CHEZ LES PICTES
LE PAPYRUS DE CÉSAR
ASTÉRIX ET LA TRANSITALIQUE
LA FILLE DE VERCINGÉTORIX
ASTÉRIX ET LE GRIFFON

LES ALBUMS ILLUSTRÉS

LES DOUZE TRAVAUX D'ASTÉRIX

COMMENT OBÉLIX EST TOMBÉ DANS LA MARMITE
DU DRUIDE QUAND IL ÉTAIT PETIT
LE SECRET DE LA POTION MAGIQUE
LE MENHIR D'OR
L'EMPIRE DU MILIEU

LES AVENTURES D'IDÉFIX EN BANDES DESSINÉES
AUX ÉDITIONS ALBERT RENÉ

1 PAS DE QUARTIER POUR LE LATIN !
2 LES ROMAINS SE PRENNENT UNE GAMELLE !
3 ÇA BALANCE PAS MAL À LUTÈCE !

DES MÊMES AUTEURS AUX ÉDITIONS ALBERT RENÉ
LES INTÉGRALES GOSCINNY / UDERZO

OUMPAH-PAH LE PEAU-ROUGE

JEHAN PISTOLET LE CORSAIRE

LUC JUNIOR LE REPORTER

BENJAMIN ET BENJAMINE

Retrouvez Astérix et ses amis au Parc Astérix

L'IRRÉDUCTIBLE PARC

© 1964 GOSCINNY-UDERZO
© 1999 HACHETTE
Dépôt légal : janvier 1999 - Édition 26
ISBN : **978-2-01-210136-4**
Imprimé en France par Pollina en janvier 2023 - 13709

Loi n° 49956 du 16 juillet 1949 sur les publications destinées à la jeunesse

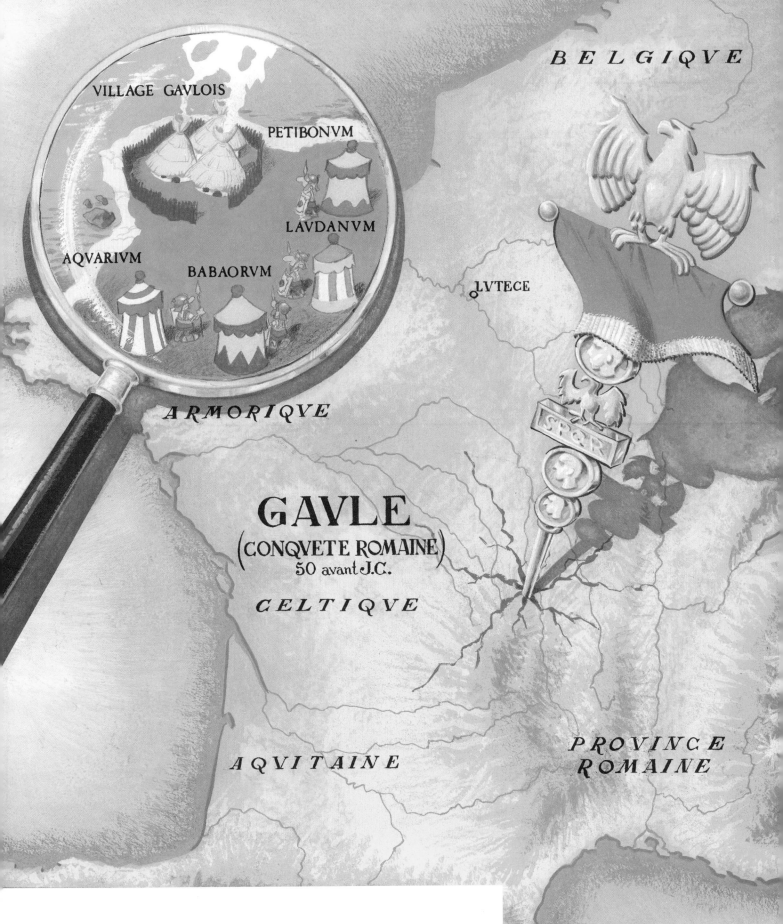

VILLAGE GAVLOIS

PETIBONVM

LAVDANVM

AQVARIVM

BABAORVM

ARMORIQVE

BELGIQVE

LVTECE

SPQR

GAVLE
(CONQVETE ROMAINE)
50 avant J.C.

CELTIQVE

AQVITAINE

PROVINCE
ROMAINE

NOUS SOMMES EN 50 AVANT JÉSUS-CHRIST. TOUTE LA GAULE EST
OCCUPÉE PAR LES ROMAINS... TOUTE ? NON ! UN VILLAGE PEUPLÉ
D'IRRÉDUCTIBLES GAULOIS RÉSISTE ENCORE ET TOUJOURS À L'ENVAHISSEUR.
ET LA VIE N'EST PAS FACILE POUR LES GARNISONS DE LÉGIONNAIRES
ROMAINS DES CAMPS RETRANCHÉS DE BABAORUM, AQUARIUM,
LAUDANUM ET PETIBONUM...

ASTÉRIX, LE HÉROS DE CES AVENTURES. PETIT GUERRIER À L'ESPRIT MALIN, À L'INTELLIGENCE VIVE, TOUTES LES MISSIONS PÉRILLEUSES LUI SONT CONFIÉES SANS HÉSITATION. ASTÉRIX TIRE SA FORCE SURHUMAINE DE LA POTION MAGIQUE DU DRUIDE PANORAMIX...

OBÉLIX EST L'INSÉPARABLE AMI D'ASTÉRIX. LIVREUR DE MENHIRS DE SON ÉTAT, GRAND AMATEUR DE SANGLIERS ET DE BELLES BAGARRES. OBÉLIX EST PRÊT À TOUT ABANDONNER POUR SUIVRE ASTÉRIX DANS UNE NOUVELLE AVENTURE. IL EST ACCOMPAGNÉ PAR IDÉFIX, LE SEUL CHIEN ÉCOLOGISTE CONNU, QUI HURLE DE DÉSESPOIR QUAND ON ABAT UN ARBRE.

PANORAMIX, LE DRUIDE VÉNÉRABLE DU VILLAGE, CUEILLE LE GUI ET PRÉPARE DES POTIONS MAGIQUES. SA PLUS GRANDE RÉUSSITE EST LA POTION QUI DONNE UNE FORCE SURHUMAINE AU CONSOMMATEUR. MAIS PANORAMIX A D'AUTRES RECETTES EN RÉSERVE...

ASSURANCETOURIX, C'EST LE BARDE. LES OPINIONS SUR SON TALENT SONT PARTAGÉES : LUI, IL TROUVE QU'IL EST GÉNIAL, TOUS LES AUTRES PENSENT QU'IL EST INNOMMABLE. MAIS QUAND IL NE DIT RIEN, C'EST UN GAI COMPAGNON, FORT APPRÉCIÉ...

ABRARACOURCIX, ENFIN, EST LE CHEF DE LA TRIBU. MAJESTUEUX, COURAGEUX, OMBRAGEUX, LE VIEUX GUERRIER EST RESPECTÉ PAR SES HOMMES, CRAINT PAR SES ENNEMIS. ABRARACOURCIX NE CRAINT QU'UNE CHOSE : C'EST QUE LE CIEL LUI TOMBE SUR LA TÊTE, MAIS COMME IL LE DIT LUI-MÊME : "C'EST PAS DEMAIN LA VEILLE !"

6

7

8

9

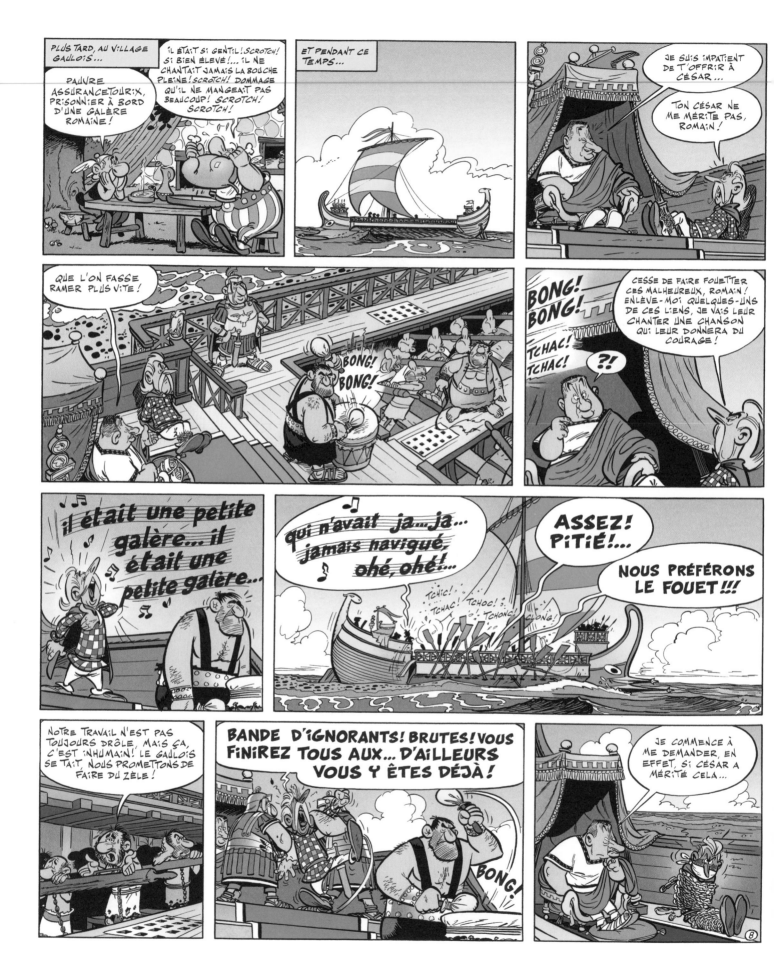

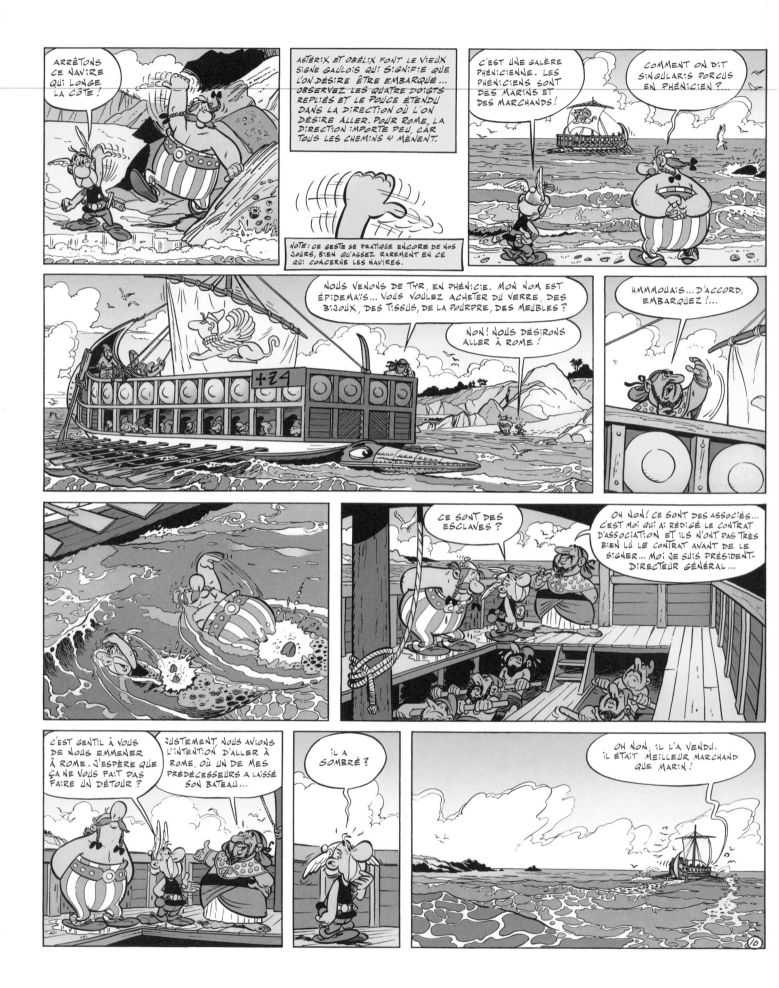

17

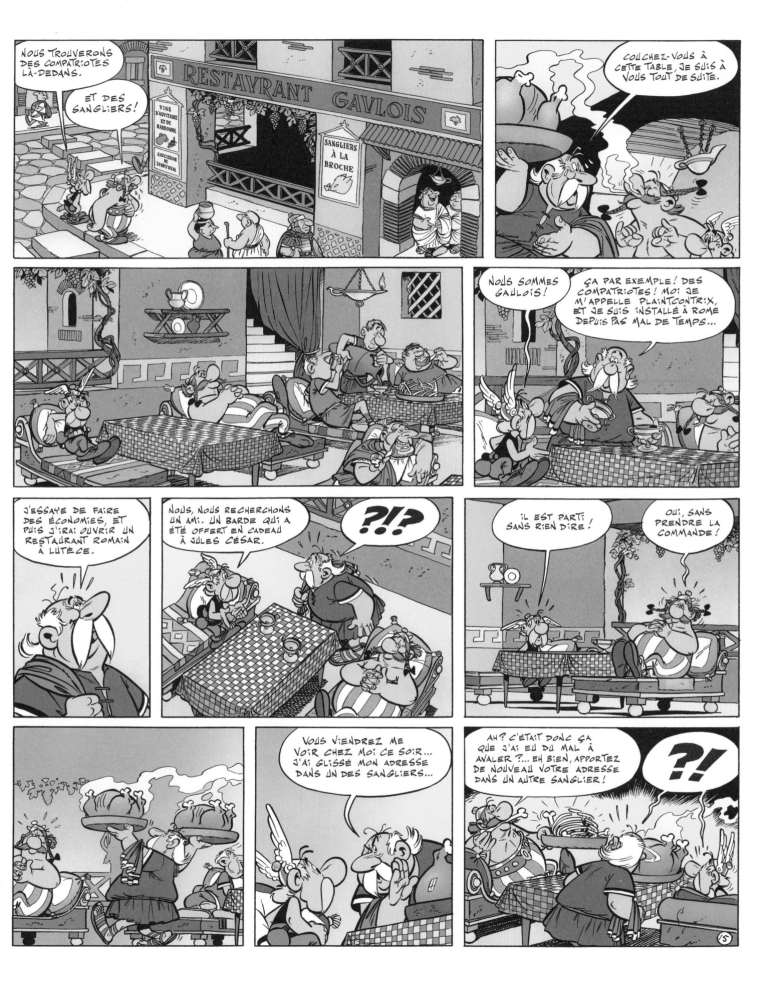

19

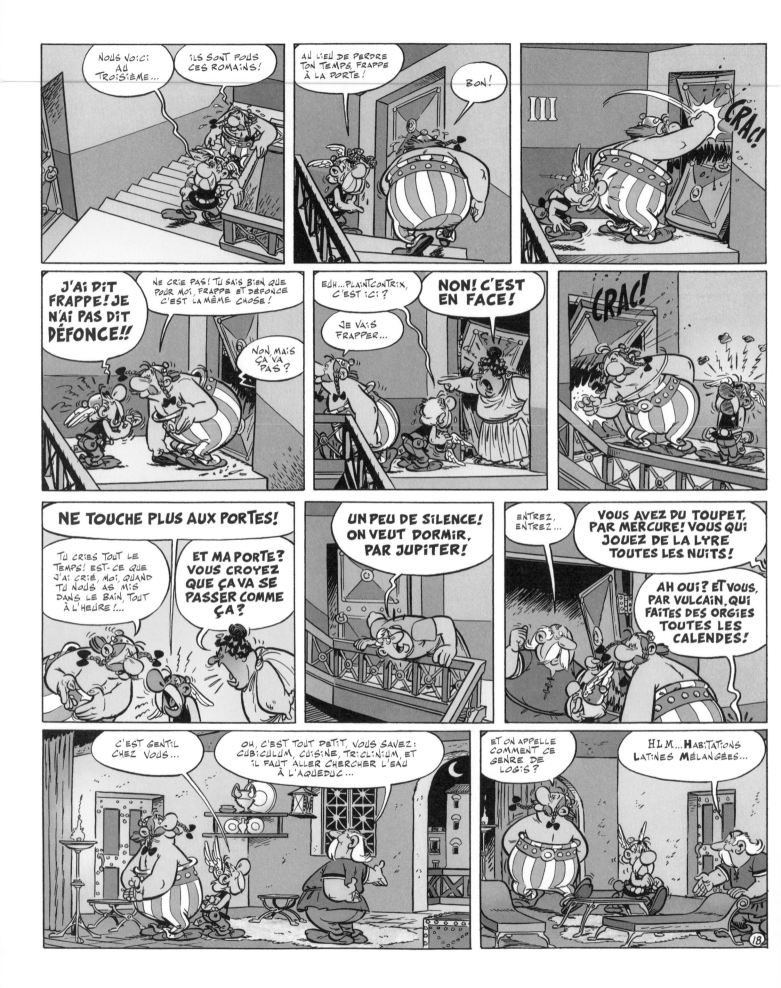

23

24

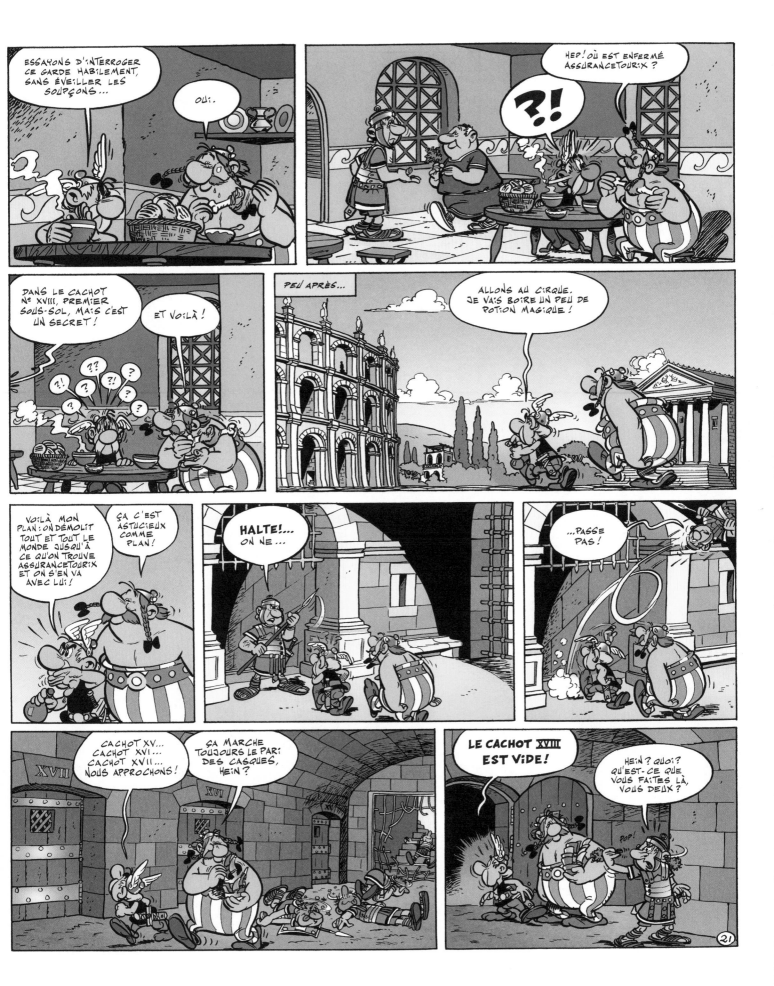

29

30

31

33

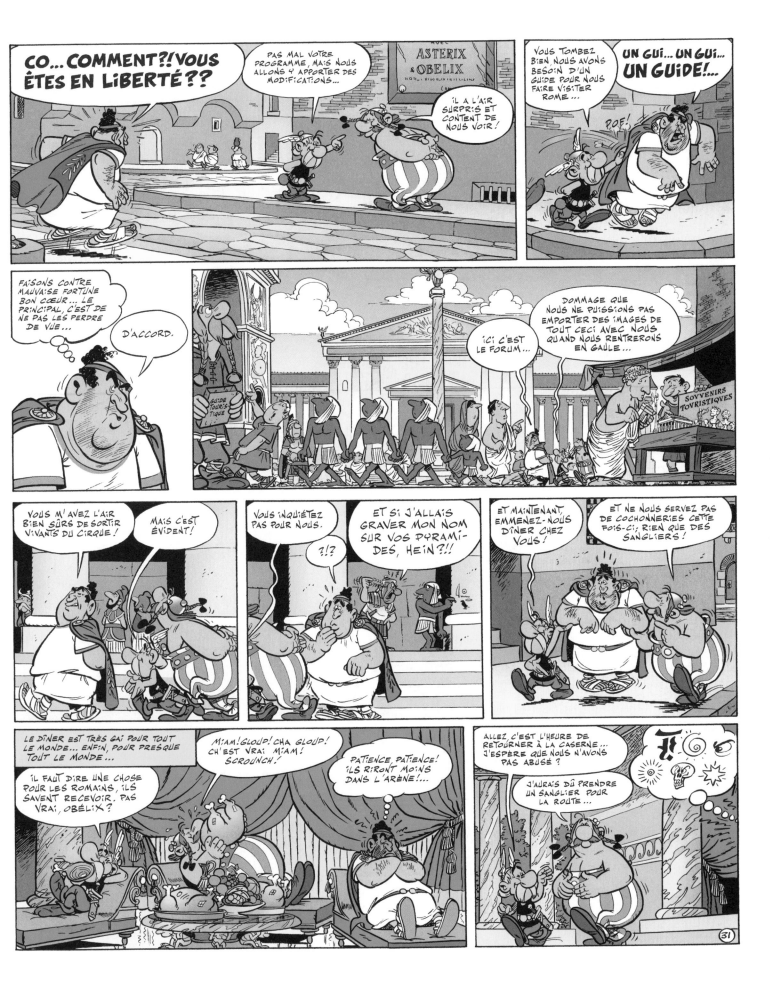

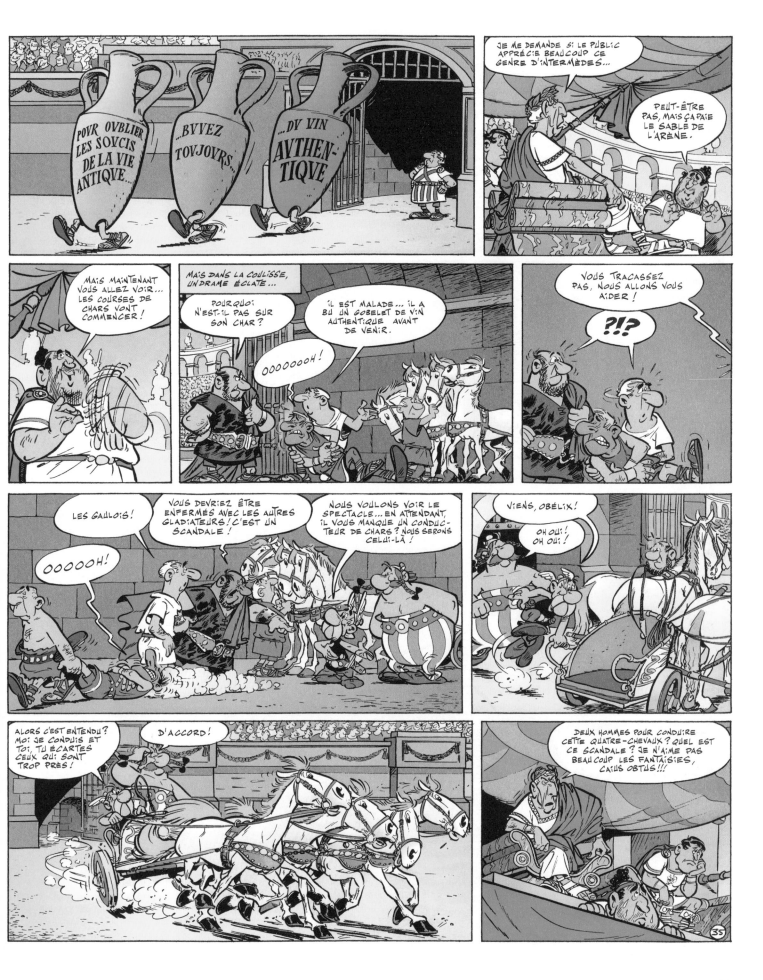

44

46

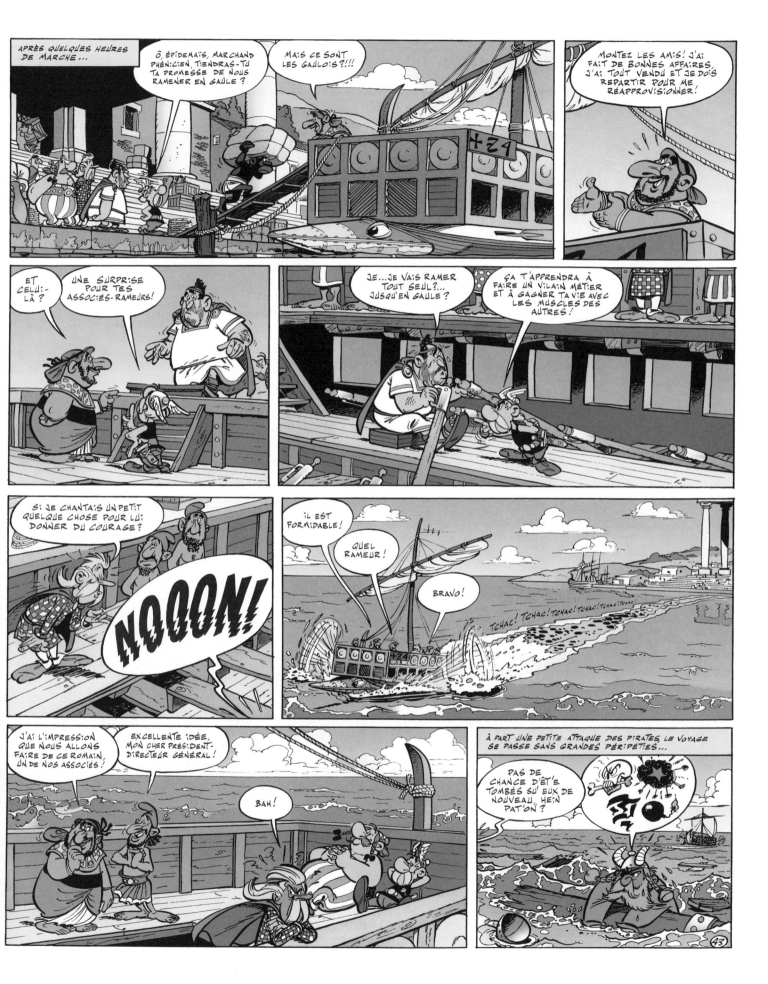

47